사랑의 습관

심강우 시집

시인동네 시인선 231								심강우 시집

사랑의 습관

시인동네

시인의 말

  그리하여 이것이 낙엽인 듯 누군가의 손에 잠시 머물 수 있다면, 혹여 버린대도 돌아서서 걷다가 문득 바스락거리는 소리가 귓전에 맴돈다면, 다시 걸음을 멈추고 잠시 손을 들여다본다면……

2024년 5월
심강우

차례

시인의 말

제1부

너의 눈빛 · 13

압력을 벗어난 밥솥 · 14

초록의 가계(家系) · 16

허공 · 18

흔적 · 20

못 · 22

단추 · 24

공존 · 26

하얀 끝을 쥔 손 · 28

인터셉트 · 30

사랑의 습관 · 32

동백의 전언 · 34

로드킬 · 36

핼러윈, 헬로 잭! 우리가 간다 · 38

제2부

집착 · 43

평행이론 · 44

섬 아래의 일 · 46

영화관 양식 · 48

새장 · 50

우주의 화가 · 52

벽, 당신 · 54

무명 시인 · 56

실오라기 · 58

파본(破本) · 60

구두 수선공 안씨 · 62

살아난 눈빛 · 64

말을 잃은 마부 · 66

경계의 꽃 · 68

제3부

행여나 당신을 켜 보네 · 71

때가 되면 · 72

속 이야기 · 74

덫 · 76

내 친구는 우주인 · 78

꽃의 이름을 잃음 · 80

고양이, 우주를 날다 · 82

경과 · 84

릴레이 · 86

방화범은 제가 방화범인 걸 모르지 · 88

헤어져서 만나는 사람 · 90

엑스트라 · 92

이후 · 94

제4부

사랑 · 97

아버지는 우체국에서 발송된다 · 98

취업준비생 · 100

누에의 집 · 102

추인 · 103

강의 은유 · 104

노을 독법 · 106

해안은 세상에서 가장 긴 수술대이다 · 108

초록 의용군의 침 · 110

가장(家長) · 112

침수 · 114

각성 · 116

미제(謎題) · 118

해설 비대칭의 세계와 언어 · 119
  오민석(시인·문학평론가)

제1부

너의 눈빛

 나비보다 가볍게 새의 호흡보다 은밀하게 소문의 속성을 닮은 눈이 내렸다. 나무는 한 점 눈마다 눈 맞추는 거라고 생각했지만 나무가 보는 건 의중을 알 수 없는 눈빛. 나무의 의중을 하얗게 되돌리는 백치의 완력. 그러니까 나무는 그때 부드러운 철옹성에 갇혔던 것.

 그렇게 너는 나를 한 가지 색으로 설득해 갔다. 내 팔 다리 의식 가지가지는 네게 빠졌다가 휘어지다가 때로는 너무 심심한 사랑을 감내할 수 없어 분질러지기까지 했건만 너는 끝끝내 네 마음으로만 싶어길 뿐. 너를 바라보는 내 마음이 캄캄할수록 너는 차갑게 빛났었지.

 지금 여기 네가 가고 없는 자리에서 나는 왜 여태 젖고 있는 걸까. 왜 우리는 지우면서 만나는 걸까.

압력을 벗어난 밥솥

압력을 벗어난 압력밥솥이 수거함에 실렸다
압력은 활개를 편 가지보다 뿌리와 가까운 사이
굳이 바위를 파고든 뿌리를 옮기지 않는 이유이다
밥솥의 추처럼 그의 반생 역시 핑핑 돌았다
얕은 지층에서 뿌리는 뜸을 들일 여유가 없었다
가난은 언제나 설익은 생각을 재촉했다

식구들을 먹여 살리는 건 그였지만
그를 씻어 안치는 건 보이지 않는 시류(時流)였다
불순한 생각을 조물조물 헹구는 동안
밥솥은 백미와 잡곡을 가리지 않는다
거친 생계를 불리는 시간이 다를 뿐
묵은 습관이든 갓 찧은 가치관이든
밥맛만 좋으면 된다는 원칙주의자이다

한때 그는 급속취사를 선호한 적이 있다
꼬들꼬들해진 감정을 한 줄 말아 출장을 다녔다
보온에서 금방 덜어낸 감정에 비해 눈치가 무디다는

심지어 싸늘히 굳었다는 평가에도
그는 밥솥의 압력을 견딜 이유가 없었다

실은 그가 겪은 세계가 모두 밥솥의 규격이었다
회사에서도 은행에서도 주민센터에서도 식당에서도
마침내 모든 걸 부려 놓고 들어간 사우나에서도
마음 놓고 설설 끓어 본 적이 없었다

비로소 압력을 소진한 압력밥솥을 배웅하며
그는 먼저 간 아내의 이름을 불러본다
출가한 자식들 얼굴도 가만히 떠올려본다
이태 전에 퇴직한 회사 상호를 마지막으로 그는
더 이상 풀 것도 없는 속내에 주걱을 놓고 돌아선다

초록의 가계(家系)

집 또한 손길이 필요한 몸이라고 들었다
사람들이 빠져나가고 척추뼈가 허술해졌다
때 없는 웃음도 곡절 없는 울음도
혹은 자세를 유지하는 근육이거나 힘줄이었음을
골다공증이 자양분의 손실에 있다면
바람이 드나드는 빈집의 방들은
목이 쉰 성대인 셈이다
슬며시 낮잠을 청하는 들짐승들이나
숫제 한 세거지(世居地)를 장만한 명아주에게도
쪽마루가 들려줄 이야기는 마냥 고루해서
오늘은 슬하의 길고양이가 하품으로 대독한다

이야기는 고양이 수염처럼 짧지만
하긴 별과 별 사이의 거리도 한 눈금이다
함석지붕은 지상의 일을 눌러쓴 모자처럼 보인다
붉게 녹이 슨 모자의 챙을 만지작거리던 집주인 사내
진도가 안 나가는 식솔을 거느리고 도시로 떠난 뒤
세간을 대체한 건 먼지의 필기도구들이다

여백의 몸은 총총 별들의 책상이 되었다

새 주소 기입란에 닭벼슬꽃을 이식할 순 없지
마음이 가닿지 않는 우편 행낭이 아득할 때
집은 그때부터 자신의 몸을 우체통으로 이용했다
부쳐도 가닿지 않는 서신이 쌓인다
붉은 인주가 묻어나는 처마를
저 박새, 아까부터 자꾸만 쪼아대는 게
아무래도 모자마저 벗기려는 심산이다

어쩌면 내용증명을 하고 싶었을 것이다
번번이 반송되는 녹가루의 마음은
봉투를 잃어버린 바짝 여윈 초록의 가계(家系)는

허공

허공으로 허공을 그릴 수 없고 지울 수도 없다

검은지빠귀가 날개를 편 모습만으로는 활공인지 착륙인지 알 수 없다

허공은 무엇이든 만들 수 있고 무엇이든 허물 수 있다

허공은 나태하여 소멸을 불러오지만 공허를 채근하여

전에 없던 생명을 조립하기도 한다

허공을 배경으로만 다루는 건 허공을 너무 가볍게 생각해서이다

허공은 빈 창고가 아니라 둥글게 쌓여가는 돌무더기에 가깝다

더러 돌 틈에서 뱀이 기어 나오거나 나비가 날아오를 때

그때 비로소 누군가는 희망을 타전하거나 세기말의 자화상을 그려본다

허공이 품은 것은 은하의 별만큼이나 많아서

우리가 가진 것은 실은 허공이 본연의 모습을 잠시 잃을 때이다

허공이 정신을 차릴 때야말로 가장 가난할 때이다

가령 사랑하는 사람을 한 줌 허공과 바꾸었을 때

그때 허공은 자신이 떼 준 살점의 수천수만 배를 청구한다
억장이 무너진다는 말,
무너지는 것에는 더 많은 허공이 필요하고
어떤 것들은 메워질 수 없는 부피를 얻는다는 걸
허공은 제 몸을 허물어 적나라하게 보여준다

사람들이 한곳을 향해 파도처럼 걸어가는 것도
꽃대궁처럼 좁은 골목에 포개어 넘어지는 것도
막무기내로 허공을 허무는 것이다

부피가 사라진 곳을 메우는 건 허공이지만
허공을 메우는 건 부피가 일정하지 않은 마음이라서
허공이 유일하게 몸을 바꾸지 않는 건
호환할 수 없는 그리움이나 진공의 슬픔 따위
사람들의 도무지 측량할 수 없는 캄캄한 속이다
천지간 제일 부자인 허공이 가장 가난하다고 느낄 때이다

혼적

 범죄는 반드시 흔적을 남긴다고 프로파일러는 강조했다. 툰드라지대에서 멸종한 네안데르탈인의 흔적을 발견할 수 있죠. 조상의 계보를 말하는 인류학자의 찌푸린 미간도 퇴적된 흔적이고 꽃의 흔적은 열매로, 열매의 흔적은 새순으로 발현된다는 식물학자의 말도 어쩌면 흔적이 진화한 언어로 기록될 것이다.

 개의 목줄은 지나치게 짧아서 쇠말뚝은 완고한 항성으로 보였다. 예정된 궤도를 자주 이탈한 행성의 흔적은 바닥에 고인 침으로 증명되었다.

 궤도를 수정할 생각이 없는 그 집 주인에게 여전히 개는 충실하고 나는 회사에 매여 있는 목줄의 반경을 계산하느라 개를 구하려는 시도는 완벽한 개가 되어야만 가능한 일이라는 걸 알지 못했다.

 개가 도축되었다는 소식을 듣고 잠시 궤도가 흔들린 건 사실이지만 나를 비끄러맨 구심력을 벗어난 마음들은 불타는 성간 먼지가 되어 꼬리를 남겼다.

 개가 굵은 양철대문을 기억하는 개망초의 유전자에는 발톱을 닮은 신경세포가 전승될지도 모른다. 저마다 생장점과 개화 시기가 달라서 우린 언제나 변명할 씨앗을 예비한다.

 넥타이가 갑갑할 때면 개가 생각났는데 꼬리를 흔드는 개를 볼 때마다 나는 내가 흔드는 말뚝을 떠올린다. 그늘의 범위가 나무의 뜻과는 무관한 것처럼 꼬리를 흔드는 습성을 고치려면 내가 벌린 가지를 과감히 잘라야 한다. 결국 개의 흔적은 나였다.

못

다소 늦은 안식이려니 했다
당신이 앉거나 고양이가 잠들 때도
어쩌다 지친 새가 머물 때도
풍경만 바뀐 동행인 줄 알았다

의자가 이름이 되기 위해
의자가 될 뻔한 수많은 이름들
나는 이름 속에 묻힌 익명의 제보자
내 몸의 기슭에 파도가 치다가
급기야 내 정강이뼈를 물어뜯을 즈음
비로소 바다의 배후가 궁금했다
바다도 제 바닥을 모르는 눈치였다

바다가 실어 나른 수많은 의자
구름처럼 떠다니는 평화
격랑에 휩싸이는 의혹
혹은 바다를 굽어보며 바다를
지배한다고 건들거리는 착각

수명이 다한 의자가 무너진다
그때 젊은 안식은 부푼 내일에 엉덩이를 걸치고
새 의자의 방향을 바꾼다
파도가 데려가는 이생의 자국을 바라본다

의자는 가고
내 몸은 가뭇없이 잠긴다
내 이력은 모래에 합산된다
바다가 된 것만 생각했다
바다는 모래를 뺀 무게라고
아무도 말해 주지 않았다

단추

송곳니를 윗단추로 쓰는 사자는 완고한 재단사임에 틀림없다. 물소는 조여드는 오늘을 벗어버리고 싶다. 치수를 재는 앞발과 거부하는 뒷발이 가위표로 재단된다. 쌀자루나 풍선처럼 어떤 것들은 한사코 채우면 터지는 법이다. 늘 목을 내놓고 다니기 버릇해 온 물소가 단추를 풀기 위해 용을 쓰느라 눈 속의 실핏줄이 터져 뇌우(雷雨)가 쏟아질 기세다.

들판 가득 수 놓인 색색의 꽃들이나 산중의 아름드리나무, 망망대해 곳곳에 박힌 섬들 또한 하나하나 채워 풍경을 여민 것이다. 누가 시키지 않아도 어깨 짚어 시침질하는 속 깊은 궁량. 하늘이 겉옷이라면 숲은 어긋난 바람을 단속하는 방한조끼쯤 되려나. 아무리 어두워도 새들은 길을 잃지 않는다. 나무를 나누어 채우는 저 수많은 단추들은 이유없이 흔들리는 걸 싫어하는 경향이 있다.

차라리 지퍼처럼 단순하면 어떨까. 사자는 단추를 끝까지 채우려 들겠지만 물소는 마지막 남은 단추를 채움으로 새끼에게서 떨어져 나간다.

빗물에 반지하방 문이 잠긴 것, 거기 사는 일가족이 수장된 건 억지로 채워진 것이다. 치수가 맞지 않은 옷을 입은 것과 같다. 이곳에도 노회한 재단사가 많다. 마치 열렬한 사랑처럼 물소를 부둥켜안는 자세를 곧잘 흉내 내곤 한다.

 떨어져 나간 단추와 같은 단추가 없어 다른 단추들마저 버려진다. 버려진 단추들은 그때 비로소 눈을 뜬다. 실밥을 부둥켜안고 운다.

공존

열린 곳이 모여 막다른 곳이 되었다
열망과 절망 사이에 오해라는 다리가 있듯
막다른 곳끼리 막다른 것을 인정하는 순간
잡기 좋은 탁자 모서리가 되었다
어릴 때 앞치마를 두른 어머니는
모서리에 앉지 말라고 식사 때마다 주의를 주었지만
슬쩍 모서리에 걸친 한쪽 발에 대해선 말이 없었다
즐거운 환담의 시선을 이으면 정확히
네 개의 모서리가 나온다
광장으로 가는 길 모서리에서
늘 만나는 우리와 또 다른 우리
함께하자는 말과 함께했다는 말의 중립지대는
띠를 두른 이마의 자국 같은 것일까
그러고 보면 모서리는 주머니보다 훨씬 깊은
내력을 지니고 있다 하겠다
어머니나 아버지 둘 중 하나라도
연애기간 중 불거진 모서리를 걷어찼다면
내가 생기지 않았을 것이다 나 또한

일하면서 숱하게 만난 모서리를 외면했다면
다른 이유에 이를 층계를 만들지 못했을 것이다
모서리 이쪽엔 그늘이 저쪽엔 빛이 든다
그리하여 서로에게 다시 오지 않을 계절인 것처럼
광장에서 풍경은 묶이지 않고 분리된다
직선은 모서리가 있어 안심하고 세상을 설계한다
모서리에 사는 빛과 그늘에게 어느 쪽이냐 물으면
동시에 서로를 쳐다볼 게 분명하다

하얀 끝을 쥔 손

저렇게 부드러운 끝을 본 적이 없다
저렇게 손목이 가는 슬픔이 있었다니

어떤 목수가
캄캄하게 도색된 저런 목재를 지녔나

지금 목련은 어둠을 깎고 있다
금방이라도 지워질 웃음을 살다
창백한 얼굴 마름질할 새도 없이 뚝 떨어져 나간 사람을 알고 있다

그는 자신의 감정을 깎는 일을 했다
그가 쥔 끝은 경색된 감정을 가공한 것이다
감정이 감정을 깎는 일은 품이 많이 드는 일
아니다, 피차 감정이 하얗게 마르는
백치의 시간이라 하자

오늘 밤 공원 입구에 매달린 뭉툭한 끝을 보았다

둥그스름한 밝기의 공구통 아래
때 묻지 않은 끌의 덧니를 세며 누워 있는
뭉크러진 이야기들의 입꼬리에 발이 차인다

그를 떠올리면 끌이 생각나고
끌을 개비하느라 바빴던 그의 손목까지,

목련이 어둠의 박피를 깎고 있을 때
애써 배경에 어울리는 모습으로 피고 지던
봄처럼 저문 사람이 생각났다

그의 손목이 내 감정이 될 때,

인터셉트

 수컷 침팬지가 해친 새끼 침팬지를 어미 침팬지도 얻어먹었다. 밀려난 밀림만큼 짧아진 뒷다리의 야성을 사르는 가뭄의 와중에 밀렵꾼들에게 잡힌 수컷과 암컷은 동물원으로 이송되었다.

 그것은 우연이었다. 수컷은 다만 바나나를 잡은 손을 뻗은 채 가려운 등을 긁었을 뿐이다. 한 민완 기자에 의해 바나나를 잡은 손은 건네는 손으로 미화되었다. 야생동물도 양보의 미덕을 학습할 수 있다. 트위터 멘션의 날개를 단 구절은 네트워크의 가려운 데를 긁었다. 편집국에서는 제목을 바꿨다. 교육과 훈련은 침팬지에게도 도덕 관념을. 사바나의 관목처럼 뭉툭한 제목은 흙먼지가 부스스 떨어지는 이데올로기를 뿌리로 달고 있었다. 줌렌즈가 포착한 수컷의 손은 소담스런 구름으로 격상되었다. 부제목도 달렸다. 인간의 손길은 인간이 아닌 것들이 나아갈 길이 된다.

 출입문이 닫히고 창살 사이로 달빛이 새어들었다. 암컷은 바닥에 고인 달빛을 들여다보았다. 탕가니카 호수가 거기 있었다. 수면 아래에 있던 시간이 날카로운 혐오의 깃을 단 연민을 밀어 올렸다. 빨갛게 부어오른 얼굴로 바뀌었다. 암컷은 수컷을 쳐다보았다. 이름의 기원조차 모르는 그의 눈은 처음부터 감각의 바깥에 머물렀다. 작은 열매 한 알을 향해 손을 뻗을 때도 시선의 뒤는 닫혀 있었다. 죽은 새끼의 털을 밟고 식사를 할 때도 마찬가지였다. 뒤가 닫혀 있으므로 대상이 가슴속으로 빠지지 않았던 것. 암컷은 뒤로 난 심안(心眼)을 열고 들어갔다. 눈에 익은 부호들이 안장되어 있었다. 불길에 그을린 그대로였다. 암컷은 부호를 읽느라 바나나를 치켜들었다. 끽끽, 수컷이 바나나를 채뜨리며 버릇처럼 그녀의 머리를 쓰다듬었다. 고개를 든 그녀의 눈에서 둥글고 촉촉한 인간 하나가 걸어 나오고 있었다.

사랑의 습관

　사랑은 울었다. 사랑이 달랬다. 사랑이 울음을 그쳤다. 그러나 사랑이 보이지 않으면 사랑은 또 울었다. 사랑은 하던 일을 멈추고 달려왔다. 사랑의 사랑스런 손길에 사랑은 비로소 환하게 웃었다. 사랑이 사랑에게 이럴 거면 합치자고 했다. 사랑은 좋아서 사랑의 목을 껴안았다. 한 몸이 된 사랑은 웃음과 울음을 함께했다. 슬픔에 겨운 사랑이 고뇌할 때 기쁨에 벅찬 사랑이 환호할 때 사랑은 한쪽이 출렁거리거나 반대쪽에서 바람 새는 소리가 들렸다. 혼자 울고 싶을 때가 있었다. 비 오는 밤이나 멀리서 종소리 사운거리다 갈 때 사랑은 사랑에 들키지 않고 울 수가 없었다. 하물며 웃을 수도 없었다. 너무 많은 시간이 뒤섞이고 엉켰으므로 티눈과 우주만큼이나 사랑은 분리하기가 쉽지 않았다. 지친 사랑이 침묵할 때 그 사랑의 등에 기댄 사랑이 노래를 불렀다. 지나간 사랑을, 다시 올 수 없는 그리운 순간들을. 사랑의 진실이 스며든 사랑이 노래를 따라 부르자 비로소 사랑의 몸이 분리되었다. 이제 사랑은 혼자서 마음 놓고 운다. 다른 사랑마저 운다면 달래줄 사랑이 없다는 걸 안다. 사랑은 혼자 있을 때 사랑의 의미를 알 나이가 되었다. 멀리서 사랑이 아파할 때 사랑의 심장 박동 소리는 가장 크다. 사랑이 웃어도 그게 온전한 웃음이 아니란 걸 아는 사랑은 울다가 웃다가 그렇게 사랑과 놀다가 사랑이란 이름으로 세상을 하직했다. 사랑 속에 무덤을 썼기에 남은 사랑은 혼자서 웃거나 울어도 외롭지 않다. 남은 사랑마저 세상을 떠나고 어느 날 사랑은 눈이 되어 내린다. 가장 맑고 선연한 빛으로 다시 한 몸이 된 눈이 소복이 쌓인다. 첫눈, 환한 웃음으로 혹은 눈물이 그렁한 얼굴로 눈을 뭉쳐 던지는 저 행위는 누가 가르치지 않아도 아는 사랑이다. 알아서 해보는 투정이다. 오래도록 전해오는 사랑의 습관이다.

동백의 전언

노을을 보면서 나를 생각지 말아다오
엄동설한에 세간의 길이 얼마만큼 짧아졌는지
철없는 동박새에게 묻지 말고 다만 오랜 눈빛으로
그 많은 흙손을 종횡으로 엮은 사철 곧은 잎사귀들
심장에 비끄러맨 푸른 기치(旗幟)를 기억해 다오

향기가 없다고 손을 젓지 말아다오
구애의 몸짓을 읽기에 내 심안의 조도는 너무 낮고
다행히 내가 머문 계절은 벌과 나비를 기르지 않고
나는 홀로 붉어 계절에 줄 서지 않으리니

나를 은둔자라 부르지 말아다오
섬을 통째로 물어뜯던 바람을 기억한다면
뒷산에서 벼랑까지 붉디붉게 노여움을
길들인 걸 기억한다면

낙화는 꽃에게 첫 단추,
단추를 채우는 손길은 그날을 위한

내가 나를 여미는 길이라는 걸 안다면
내 목으로 제단을 쌓는 이유도 알겠지

그러니 왜 동백인지 묻지 말아다오
붉다고 다 동백이 아닌 걸 안다면,
바람에게 피를 묻힐 순간을 주지 않는
부릅뜬 자결의 결심을 안다면

로드킬

   길 가장자리에 서 있는 엄마의 그림을 볼 때마다 걸음을 멈춘다. 거기 적힌 외계의 문자는 모르지만 여전히 산뽕나무 열매를 닮은 검은 눈 속에 내가 수신되고 있음을 나는 안다. 다 자란 고라니의 웅숭깊은 속내가 발설한 이끼의 연민을 씹으며 나는 비로소 산 그림자가 실없는 외투라는 것도 기억한다.

   해거름 녘 나는 엄마가 분실한 지적도(地籍圖)를 멧새 부부가 보관한다고 들었다. 멧새 둥지가 빠진 오류가 미안한 나머지 엄마는 후방에 소홀했던 것이다. 하긴 엄마가 그린 등고선의 꼭짓점은 죄다 풀꽃들뿐이었다.

   산중의 너덜겅에 사는 누룩뱀도 고개를 젓는 고릿한 길 건너 또 다른 생명의 비밀을 너무 많은 입술로 수런거리는 호수의 뺨에 입을 대본다. 엄마는 물풀에 묻은 정령들의 눈곱을 떼다 말고 야음에 발을 헛디딘 꼬리별의 전설을 들려주곤 했으니, 그때 나는 처음으로 잘 여문 잇몸 같은 마음 하나를 물가에 두고 왔을 것이다.

풀숲 아래 움집에 사는 푼더분한 멧돼지보다 덜꿩나무 두 배는 커 보이는 짐승이었다. 고개가 꺾인 엄마의 시선은 등성이 너머 별 하나에 맞춰져 있었다. 원망을 등지고 나는 짐승이 달아난 길을 밝히는 별빛을 오래 바라보았다.

나는 이제 내 발로 길 건너 호수에 가려 한다. 정체를 알 수 없는 짐승들은 광포하고 빠르지만 새로 난 정령의 송곳니는 어쩌지 못한다. 거기 바람이라도 부는 날 털갈이도 하지 않은 몸체를 뒤척일 때 드러나는 눈부시게 빛나는,

핼러윈, 헬로 잭! 우리가 간다

 그날 도시의 겨드랑이는 우리 모두를 잭오랜턴으로 끼고 있었나 봐. 1번 출구에서 경사진 입구로 접어든 우린 내일을 알아볼 수 없었던 거지. 우린 그 순간 아직 켜지지 않았으므로. 그러니까 오르막을 오르는 긴가민가한 오늘과 조우했으므로. 우린 잠시라도 점화되길 원했지. 겨드랑이가 사타구니처럼 답답했으므로. 골목 저편에서 어제 어제 또 어제를 서명한 내가 싫은 나를 찢어버렸으므로

 사실 우리의 가면과 복장은 잭, 미래에서 온 너를 속이기 위한 기만적인 신호였지. 인기 있는 악마가 되려고 안달이 났지. 악마가 되어야만 악마에게 속지 않을 이유를 안다는 듯이

 머지않아 겨울이었고 엄마가 부쳐 올 김장김치 같은 달큰한 시간의 포기가 겹겹이 쌓여 있었지. 너도나도 끼룩끼룩 규격에 맞지 않는 날개를 버리기 위한 길이었나 봐. 축제는 그런 거 잖아, 날개를 제단으로 쌓아서 비로소 온전한 몸뚱이를 얻는 것, 푹 절여지는 것

내 손을 잡은 건 오 년째 알바를 하고 있는 내 친구의 친구와 또 그 손 건너 날개를 집에 두고 온 날마다 코가 길어져 걱정인 비정규직 입사 일 년째인 친구와 미안한 건 사치가 아니라고 믿는 친구의 애인과 내 뒤와 앞과 또 그 옆엔 아무튼 사서 고생하는 게 얼마나 큰 사치인 줄 아는 수많은 표정들이 그래서 우린 너무 꽉 끼는 감정들을 입고 있었으므로 한 몸이었으므로 누구 몸 하나쯤 잃어도 금방 재생되는 유기체로 포개졌지.

부디 우릴 잭의 방탕함을 모방한 탕자쯤으로 단정 짓지 마, 당신. 그 골목에 발을 디딘 건 우리 잘못이 아니잖아. 뭐라니, 그늘로 배율을 조정하는 뒷골목은 저쪽 세계를 훔쳐보는 잠망경 같은 거라고 한 건 젊은 시절의 당신이었잖아.

단풍이 드는 속도로 혹은 잎사귀가 떨어지는 기미로 내일을 읽을 순 없을까. 여기까지다. 수도 없이 들었던 말. 내가 연애와 취업에서 실패한 건 여기까지다, 선의의 선을 넘지 않는 것. 그러고 보니 여기가 매번 새로운 막다른 출발점이었던 거지. 그러니까 쌓인 제단에서 내가 마지막으로 본 건 잭*이 입으로 불고 있는 성냥개비였어. 지펴진 불이 타오를수록 득의의 웃음은 붉게 현실로 번져갔지. 하지만 난 알고 있었지. 누군가 우리를 잭오랜턴**으로 들고 다니리란 것을. 구멍 난 마음으로 옮겨 점화된 그건 결코 잭에겐 허용되지 않는 도구란 것을

---

*잭: 아일랜드에 전해지는 이야기. 잭은 악마를 기만한 벌로 사후, 천국에도 지옥에도 가지 못하고 헤맨다.
**잭오랜턴: 호박에 눈 코 입 모양의 구멍을 파서 만든 등으로 핼러윈을 대표하는 상징물이다.

제2부

집착

 탁상달력만 있으면 더 이상 바랄 게 없다 탁상달력을 구하려면 우체국에 가야 한다 문구점에 가도 탁자를 움직일 달력이 많지만 탁자의 규격에 무심한 우체국에 가면 탁자에 맞을 것 같은 탁상달력이 있다 무료한 사람에게는 없는 무료다 문제는 날짜인데 이르거나 늦거나 둘 다 달력을 구할 수 없다 그런데 왜 우체국인가, 우체국은 왜 한정된 탁상달력을 준비해서 해마다 연말이면 조바심을 내게 하는가 달력을 봐야 달력을 구할 수 있는 게 문제다 더 큰 문제는 생각해 보니 한정이다 한정은 예산과 관련된 거라는 건 아는데 그렇다면 경제라는 건 알겠는데 혹 그날 아침 감정이 상한 사람이 만지면 상하는 물러 터진 사과 같은 경제가 아닌지, 나는 탁상달력을 생각하다 사과가 먹고 싶어졌다 다 탁상달력 때문이다 사과를 먹는다고 상한 경제가 탱탱해질 리는 없고 더욱이 탁자를 없앨 수는 없다 이사를 자주 다녀서 우체국의 위치도 모른다 이젠 위치가 문제인가, 곰곰 생각해 보니 내가 문제다 내가 탁상달력만 잊으면 더 이상 바랄 게 없다 공론(空論)을 정리하지 않은 탁상이 있다 그래서 탁상달력이 있다 거기, 연말이면 나도 모르는 상자 안에서 탁상을 점유할 날짜를 차곡차곡 기다리는

평행이론

올라가는 자세로 내려갈 때가 있습니다
한결같이 고개를 들고 배에 힘을 주고
언젠가 벼랑을 걸머진 나무에게서 배운
저자세는 내가 나를 업어서 생기는 자세
그러면 당신은 내려가는 자세로 올라옵니다
무릎을 굽힐 때의 당신을 업고 있습니다
감정의 간격이 일정하게 평행이 되는 곳에서
그러므로 당신과 나는 서로를 장식하는 액자가 됩니다
삐뚠 건 풍경이 아니라 시선이었던 거죠
당신 주머니에서 꼬깃꼬깃 접힌 꿈의 일지가 나온 순간
계단의 도면이 지금 여기 우리라는 걸 알았습니다
길이 막힌 빗물은 자신을 통로로 씁니다
여름에서 가을로 겨울에서 봄으로 당신,
아슬한 마음의 난간을 잡고 걸어온 거죠
하늘은 높고 목련은 기댈 데 없는 눈빛입니다
툭 떨어진대도 이상할 것 없는 계단의 하루
시간을 펴면 경사가 완만해질 거야
당신은 어제의 실패를 계단 앞에 꿇립니다

때로 평지가 된 듯한 표정을 지을 때가 있죠
늘 그 자리에서 사방(四方)을 배웅하는 들꽃처럼
가만히 서서 손바닥을 들여다보다 문득
서로의 난간을 잡았던 순간이 생각나면 그래요,
우린 그 마음을 따라 올라가거나 또 내려갈 겁니다
삐뚠 건 난간이 아니라 계단이었던 거죠
계단이 되어가고 있는 세상이었던 거죠

섬 아래의 일

사람의 머리를 밟는다는 게 일도 아니구나

전기배선을 작업하는 헬멧이 부유하던 맨홀이다
맨홀뚜껑을 디디면 섬 꼭대기에 올라선 느낌이 든다

이토록 낮은 고지대였다니
마음의 부력은 정말 굉장하구나

그들이 사무실의 내 책상을 치운 걸 보고
나는 뚜껑이 없는 명찰을 깔고 앉았지만

맨홀뚜껑이 닫힐 때까지
근처 가게의 조명등을 흘금거렸다는 애긴 하지 않았다

어둠의 징후는 빛을 전제로 한다는
스위치를 끄는 스위치가 있지 않겠느냐는

시(詩)에서나 써먹을 그런 상상으로는 절대 좋은 결과를,

뚜껑이 덜그럭거리는 질책에

나는 잠긴 섬 아래
수압의 경계선을 얘기하고 싶었지만

수없이 얽힌 눈치의 가닥을 매만지면서
점등을 기다렸지만

영화관 양식

말의 어절이 뗏목처럼 엮일 때가 있다
영화관이 관(棺)의 일종으로 엮이는 순간
그때부터 영화는 에나멜처럼 빛나기 시작한다

사랑을 잃은 여자가 있다
사랑을 되찾기 위해 여자가 그 사람의
새로운 사랑을 갈기갈기 찢어 버리는 이야기
차가운 늪지에 시간을 띄우고
찢긴 구간을 노 젓는 이야기

영화 속 사랑에선 잘 구운 흑요석 냄새가 났다
아직 마그마가 살아 있는, 어쩌면 유황이 들끓는

원석은 식어야 본색이 드러난다

그래서 관이 어쨌다고,
이야기를 운구할 관객은 죄다 몽상가들인데

아니, 그래서 영화관을 들고 날 때마다
조용히 관뚜껑이 여닫히는 소리가 나는 거라고

사랑 아닌 것이 없는 세상
끝나지 않는 사랑이 없는 이야기

가슴에 묻는 양식을 빌려온 게 영화관이라는 걸 안다면

방금 당신이 받은 찻잔도 마찬가지
당신이 기억한 순간 차는 평생 그 온도로 주문된다

새장

혀가 무거워
날개를 신청하는 손이 있다
간병사가 쥐어준 사탕을
골똘히 들여다본다

줄무늬 알이 부화하려는 것일까

수화기에서 들려온 귀에 익은 목소리

순간, 헝클어진 계단을 물고 비상한다
복도가 주름진 망토처럼 펄럭인다
깃털이 날린다

새가 나는 동안
벽에는 기억의 인화지가 걸린다

숲을 관통하는 새소리
이 나무에서 저 나무로

투두둑
열매가 떨어진다
새의 발톱이 움켜쥔 건
아들딸의 얼굴이다

날마다 시간을 물어 와 풍경을 엮는다
날마다 엮은 풍경에 시간을 담는다

새장을 품은 요양원엔
깃을 터는 신호가 있다

쪼아도 쪼아도
금이 가지 않는 얼굴이 있다

우주의 화가
―지구의 종말 이후

 지구가 낚시찌처럼 떠 있다. 우주의 저 깊은 뻘밭에서 건져 올린 별들을 훈증한 다음 흩뿌려 놓은 것일까. 날려간 검불은 유성이 되고 화르르 푸른 불꽃에 씻긴 보옥 같은 영혼들. 허물을 문명에 묻고 떠오른 찬란한 저 썩지 않는 폐허의 화폭

 벗어버릴 허물도 바람도 없는 우주를 배경으로 그림을 그리는 나는 언제든 상징계를 벗어날 수 있는 우주의 화가. 영영 바래지 않는 색을 주관하는 불멸의 우주인. 그리하여 오리온자리에서 황소자리를 지나 마침내 북극성으로 돌아오는 스펙터클한 여정에서도 맛볼 수 없는 감흥이다. 생각하면

 땀이 흐르던 시간들이다. 자연산 그대로의 짭조름한 눈물의 순간들이다. 떡갈잎을 손수건으로, 푸른 계곡을 뒷주머니로 꺼낼 줄 알던 지구. 신(神)의 눈알 같은 웅숭깊은 별의 어느 골목을 지나온 바람에 날마다 우주의 풍경을 헹구는 나는

 오늘도 무한궤도를 날며 그림을 그린다. 억겁의 시간에도 때가 타지 않는 차디찬 우주의 전망대. 붓을 들면 초신성(超新

星)의 폭발도 아기의 울음처럼 귀엽게 보이는 법. 이렇게 이루어지지 않은 사랑으로 잘 이룬 결별의 비밀을 그리는 나는 시간의 역사를 물감으로 쓰는 화가. 영혼을 창고로 몸을 자물쇠로 쓰는, 우주에서 유일하게 열쇠 수리공의 연락처를 잃어버린 화가

벽, 당신

방을 좁히는 것은
바닥이 아니라 당신이다
당신을 줄이거나 넓히는 것은
당신이 아니라
벽,

회의는 벽의 틈새에서 시작된다
동선과 조명을 담당한 당신은
벽들이 넘어지거나 부딪치지 않도록
아메리카노 한 잔씩 돌리며 바닥을 고른다
미스 김의 상큼한 웃음이 당신의 벽일 때도
빠드득 금이 가는 건 대부분 팀장의 벽이다
당신의 시선이 황황히 미끄러져 바닥 무늬에
섞이는 것도 벽의 교차가 있어 가능하다

퇴근하고 뭉친 주점의 벽들은 규격을 따진다
귀가 곧 벽이므로 벽을 아무리 떠들어야
지붕을 가질 수 없음을 뻔히 알면서도

벽이 닳도록 입을 오르내린다

인간을 반석으로 삼는 거대한 벽의 역사로부터
당신은 흉허물을 터놓는 밀착의 기술을 배웠다
그러나 그것은 함께 넘어지기 좋은 양식, 당신은

당신을 유지하기 좋은 거리를 고수한다

오늘은 반향을 일으키는 벽의 구조를 공부하는 시간
그런데 굳이 허공을 뜯어 와 벽을 조립하는 건 뭘까
빈 공간을 세워야 맞은편의 당신을 볼 수 있다는 당신

무명 시인

그 정류장 근처에 무명 시인이 산다
오가는 노선의 행간에서 그가 펼쳐 보이는
산나물 햇과일 따위의 함축적 의미는 생략,
번번이 퇴고되지 않은 상태로 발표한다
더러 감상문을 제출하는 독자에게
목숨이 말간 시 한 대목을 뚝 떼어
거래의 기본 예의를 차리는 이런 장날,
습작 시절을 한결같이 성원해 준 사람들에게
고단한 시간의 뿌리를 털어 건넨다
오늘도 그는 못생겨서 단단한 시편을 게재한다
더러 참았던 설움이 결리고 욱신거릴 때
그는 그간의 곡절 달여서 우려낸
가시 달린 그대로의 시재(詩材)를 필사한다
진심과 울림이란 단어를 자주 갈무리하고
산지 가격을 현지 낭송으로 치환해 보지만
어깨 굽은 광주리의 배경은 늘 그 자리다
사락사락 눈 내리는 저녁의 구김살 없는 기억을
봄날 분분한 벚꽃무늬로 편집한 좌판의 시집

지어미의 유고작과 요절한 큰아들의 작품까지
그가 발표한 서정시의 연원은 유구한데
매일 하는 일이 등단인데 뭘 또 등단이냐고
껄렁한 농담도 알토란으로 씻어 담을 줄 아는 그는
슬쩍 기운 보도블록에 서서 습작에 골몰한다
오가는 사람들의 손짓을 연필로,
돌아서는 발길을 지우개로 쓰는 시인
계절은 그에게 잊지 않고 원고청탁서를 보낸다

실오라기

건물의 그림자는 이동식 말뚝이다
해와 달을 반반씩 접고
부스러기 별빛까지 적재한
노인이 끄는 무궤도 손수레는
더러는 말뚝을 늘이고 줄이기도 하며

매인 데 없는 시선이다
꼬박 한나절 그림자의 올을 풀어가는

귀목반닫이 같기도 하고 거룻배 같기도 하고
때로는 죽은 영감이 들고 다니던 공구통 같기도 한
노인이 검질기게 엮어 나가는 계절의 그림자는
그림자의 집합소인 땅거미 굴로 이동한다

그림자의 실꾸리는 땡볕으로 다 풀렸다
초저녁 가로등 빛이 한 오리 한숨마저 끊으면

그리하여 마음의 적재함이 덜컹일 때

무거운 시간 잠시 내려놓고 살펴보시라
몇 벌 잘 지어진 건물의 바짓가랑이 사이
허옇게 때가 탄 실오라기 굴러다니는 걸 볼 것이다
침 묻혀 찍어 내기에도 애매한

파본(破本)

시를 쓴다고 방을 나가지 않은 날이 많았다
걱정하는 사람의 말이 달개비 꺾이는 소리로 번졌다
더러 흩어 놓은 말들이 구름을 이루고 떠돌다
한낮의 소나기로 다녀갔으나 처마가 깊어 젖지 않았다
한갓되이 울 밖의 소문에 귀를 담그지 않으리
온몸의 감각세포가 문풍지가 되어 달빛만이 우련했다
문고리 거는 기척에 모시나비 한 마리 기웃거리다 가고
내 속을 훑은 기억들이 뒤란의 동백으로 붉어질 때
삿갓을 닮은 섬에서 글을 썼다는 사람을 생각하곤 했다
그이 역시 붓을 들었을 때는 풍향(風向)을 묻지 않았으리
그이의 호흡을 필사한 후박나무가 푸른 소매를 흔들고
바늘땀 뜨듯 골무꽃은 자색 무릎걸음으로 안부를 물었으리
주위에서 파도 소리가 들린 건 우연이 아니었다
오랜만에 문지방을 넘어선 순간 다리가 후들거렸다
벼랑 끝이었다 출렁이는 수평이었다
좀 더 수직을 유지하기로 했다
내가 버린 단어들이 수평의 검은 수위를 높였다
물살이 되어 아프게 철썩거렸다

이대로 섬이 잠겨도 좋다고 생각했다
먼 훗날 파도가 그치고 바다가 육지가 되고
내가 살던 방이 검은 지층이 되었을 때
우연히 닿은 어떤 인연이 퍼렇게 박힌 파본(破本) 한 구를
발견해도 좋다고 생각했다

구두 수선공 안씨

 낙숫물 떨어지는 소리와 박음질 소리가 닮았다는 당신은 구두의 재질보다 밑창에 숨겨진 이야기에 흥미가 있는 사람이다 그렇지 않은가, 내가 저잣거리를 떠돌다 뒷굽만큼 뭉뚝한 처마 아래 애굽은 피골(皮骨)로 세상에 신겨진 것도 내 이야기의 뒤축을 꺾어야 할 시점이라 여겼기 때문이다 섬돌의 질문에 무심하거나 흙바닥을 편애하다 거무스름하게 겸연쩍은 낙숫물을 봐라

 흘러간 것들에 광을 내는 건 사람뿐이라는 걸 알았다
 구두약을 검정으로 알고 있는 사람들의 수선은 의외로 까다롭다 그들은 극채색의 꽃을 싫어하는 경향이 있어 곧게 찍히지 않는 발자국에 마음을 여는 법이 없다 그들에게 구두란 깔축없이 포장된 생애의 한 단위여서 구두끈 한 올의 실수도 허용치 않는다 허술한 뒤축이 말을 걸 때 나는 비로소 실수할 여유를 갖는다 우리는 잘못 디딘 구간과 구두의 동질성에 대해 얘기를 나눈다

 구두가 움푹한 것은

실없이 걸어다니기 좋아하는 생(生)을 심기에 좋다고, 한번은 갖기 마련인 생의 무덤을 신어보는 것이라는 농담에 우리는 마주 보며 웃는다 그러고 보니 웃음도 움푹 파였다 살다 보면 움푹 파일 때가 있다 알고 빠질 때가 더 무섭다

  이륙에 부적합한 구두코의 행색에 대해 당신이 물었을 때
  나는 우주 공간에 대해 그리고 내가 사는 이유로 내가 죽는 이유를 설득하는 항법과 활주로의 유한성에 대해 설명했다 이를테면 이곳은 수많은 항로를 가진 우주선들의 격납고라는 사실을 선언하는 셈이다 잠시 방향타를 잃은 육신의 항적이 우주의 비행일지에 기록된다 비행운은 뒤에서부터 엷어진다 그게 내가 관제사가 된 이유라면 어떨까 수선을 끝낸 후일담의 뒤축에 그러니까 글쎄, 담담히 주걱을 넣곤 하는

살아난 눈빛

불을 끄러 갔다가
불씨를 얻어서 돌아왔다

지하방은 불씨를 키우기에도 불연소의 꿈을 지피기에도 좋은 곳

피둥피둥해진 어둠의 손은 내 꿈의 체중을 불려 놓았다
무거운 장비를 싣고 나서도
그을린 방화복을 벗고 나서도

청춘, 그 뭉툭한 괴목으로 천장을 지탱한 책들
하늘이 무너져도 솟아날 잿더미는 아니던데

화근으로 다져진 청춘은 확실히 화력이 세어서

진화(鎭火)는
진화(進化)의 불구를 셈하는 작업이라서

물기 쥐어짠 기억으로 지하방을 복원하면

그제야 타다 만 책 제목들이 나를 넘기기 시작하는
어렴풋이 살아난
빨간 눈빛 하나는

말을 잃은 마부

한 무리의 유목민이 몰려와 편의를 요구한다
그는 바코드리더기로 그게 적절한 편의인지 증명해 보인다 더러 거슬러 받은 편의에서 불편 한 닢을 발견한 유목민이 흙먼지를 일으키면 다소곳이 말안장에서 내려와야 한다 그가 키운 비루한 짐승에게 재갈을 물리고 손때 묻은 한 닢의 아침을 기다려야 한다

떠나기 좋은 길목에 마방을 차리는 건 유구한 전통이다
이 시대의 마방은 스물네 시간 불이 꺼지지 않는다 은성한 갈기와 투레질의 북새통에서 그가 가진 짐승의 다리는 점점 가늘어진다 말발굽 소리가 잦아든 새벽을 기다려 그는 느슨해진 고삐를 잡고 초원에서 가장 느린 안개의 걸음으로 마방을 둘러본다 삼각김밥, 콜라, 캔맥주, 감자스낵, 양념오징어, 컵라면, 물티슈, 선크림, 2+1치약, 섬유탈취제, 커피믹스, 한방 크림염색약, 바디워시와 샴푸, 일회용면도기, 콘돔, 담배, 부탄가스, 액체구두약…… 무른 흙을 피부로 하는 풀이라면 당연히 싫어하는 유목 장비들이다

이따금 길을 잃은 유목민이 마방에 들러 창가에 앉는다

간편식을 먹으며 끊임없이 어딘가로 신호를 보낸다 손에 들린 휴대폰이 어쩐지 하나 남은 화살촉으로 보이는 건 그가 아끼던 양 떼를 잃은 까닭일지도 모른다 빛이 오래 부서지면 유리조각처럼 위험하다 밤의 걸음이 느려지면서 눈시울이 시큰거린다 그가 무거운지 시간외수당을 지탱하던 말은 어디론가 떠나고 없다

그는 아무도 없는 심야에 가끔 벽을 향해 말 울음소리를 낸다 그러면 떠나간 말이 돌아오기라도 할 것처럼 더 이상 편의의 구유를 들고 서 있지 않아도 될 것처럼

경계의 꽃

길 가장자리에
민들레 한 송이 피었다

저쪽에서 보면
풀밭 가장자리

혼자 여행 와
우두커니 서 있는 이방인의 발길처럼
이쪽에 서 있지만
그림자는 저쪽에 가 있다

이쪽과 저쪽
민들레의 고민이 어디에 속한 건지
노랗게 물들지 않고서는 알 수가 없다

제3부

행여나 당신을 켜 보네

　나는 오늘 먼 산을 잠갔던 구름이 빗소리를 켜는 주파수에 맞춰 얼결에 당신 목소리를 켰네. 오늘이 당신 기일이란 걸 나만 알고 있다는 걸 당신은 알고 있다는 듯 주룩주룩 흘러나와 내 귀를 적시는 동안 나는 당신이 치댄 오래된 빨래판이 갈라지는 소리를 듣네. 당신이 간간이 웃는 틈새로 당신이 차려준 따스한 국밥을 헤적이는 소리도 듣네. 어째서 한 뼘 핸드폰 안에 있으면서도 천리안을 지닐 수 있는지 자맥질하며 더듬네. 그것은 허리 숙여 잘린 제 발목을 들여다보는 볏단의 묵연한 심사이거나 당신이 심어 놓은 머위가 올해도 잊지 않고 담장 한쪽에 초록 솥을 걸어놓는 습성과 다를 바 없으니 유정한 당신의 주격이 언제라도 내 안에서 남은 슬픔을 긁어 누룽지처럼 불리겠다는 것. 편도 승객을 태운 배는 언제나 호주머니에 정박할 것이고 나는 부러진 닻처럼 떠나지 못할 테야. 누군가 물가에서 물소리를 듣는 게 두렵다는 나를 탓한대도 여전히 소문에 없는 구명정이 떠오를까 봐 나는

때가 되면

떼가 떼를 지우고 있었다. 쫓기는 정어리 떼를 바다의 때라고 하면 안 될까. 이태리타월은 묵은때를, 돌고래 떼는 묵은 삶의 방식을 추궁한다.

셀 수 없는 숫자로 떼를 불린 정어리는 거대한 은하를 닮았다. 가운데 블랙홀이 있는 것처럼 성간먼지 같은 떼는 일사불란하게 소용돌이친다. 그게 공복으로 보이는 건 돌고래 떼의 견고한 습관이고

때를 밀다가 정어리 떼를 생각하면 돌고래 떼를 닮은 자본의 떼가 엄습한다. 생각이 떼를 짓는 걸 연상작용이라 한다지. 실제로 돌고래 떼는 거품으로 장벽을 만들어 정어리 떼의 퇴로를 막는다.

비누 거품 속에 갇힐 때면 나는 언제 때맞춰 깨끗이 씻고 나갈 기회를 잡을 수 있을까. 사는 일이 막막할 때 하릴없이 때를 밀다 보면 그런데 나는 정어리 떼에 속한 것일까. 바다 입장에선 돌고래 떼도 씻어야 할 때가 있을 텐데

누군가 심해에서 나를 봤다면 나는 외따로 떨어져 나온 정어리. 떼를 불리는 일에 서툰 왜소한 지느러미 하나. 굳이 믿는 게 있느냐고 누군가 물으면 혼자 뻐끔거리듯 때가 되면 떼 역시 때가 되는 거

속 이야기

무쇠난로는 맘 편하게 숨 쉰 적이 없다
있어야 할 곳을 스스로 정한 적도 없다
배포만 커서 실속은 허공으로 날린다는
세간의 평가를 피한 적도 없다

한 시절 반짝 주목받던 시절도 있었다
해마다 계절은 그의 등을 떠밀었으나 말년에 그는 창고의 계절을 설계했다 은근한 온도와 밝기는 은둔의 방식에 어울리는 조건이었다 길들인 건 그 집의 가장이라고 들었는데 불 꺼진 난로를 껴안고 처자식 이름을 크게 세 번 부른 뒤 떠난 사내를 여태도 둥글게 껴안은 자세로 웅크린

무쇠난로의 별명은 침묵의 사랑이다

한때 사내는 얼음이 낯설 때까지 불로 살았다 속에서 뒤집힌 재가 내일을 가렸다 세상은 그러나 막히지 않는 공명통이기에 재어 놓은 이야기를 태울 때마다 사람들의 심장이 언젠간 달궈지리라 믿었다 무쇠난로의 저녁은 검은 연기를 내뿜

었다

   번번이 속으면서도 사랑은 새롭다

   지붕으로 비스듬히 흰 연기가 흩어진다
   무쇠난로의 약점은 상처에 무디다는 것
   최대의 장점은 상처가 밖으로 깊어진다는 것

   보라,
   붉게 사무친 무쇠난로는 다시
   속으로 이야기를 가져간다 뜨겁게,
   굳게 입 다물고 뜨겁게 시절을 환기한다

덫

오늘

 피와 살을 소실한 짐승이 풀로 자란다. 소리가 소리에 눌려 막혔던 성대는 이제야 진술서를 작성하겠다는 듯 짙푸른 잉크를 비워낸다. 증언을 달리하는 얼레지들이 고개 숙여 살피는, 아가리가 한 줌 털에 꿰인 저 덫은 검은 꼬리마저 무서운 기억에 깨물려 있다. 뙤룩거리던 눈망울을 닮은 빗물, 깊이 스며들어 지상에서 수습되지 않은 것들을 염탐한다. 젖은 상처로 풀이 엎딘 사이 그것도 우주의 한 구획이어서 별과 행성의 궤적이 드러난다. 작은 머리뼈의 입장에서 큰 머리뼈는 명확한 중심별이다. 탄착점을 이룬 시선도 일정한 원주율을 지녔다. 그러니까 행성은 무너지는 별의 중력에서 끝내 벗어날 수 없었던 것. 수습한 잔해를 다른 이야기의 뿌리에 묻고 난 계절은 간데없고 내 무늬의 반경 안에서 누군가를 향했던 무한화서, 그 이음과 매듭의 마디가 부러지는 소리를 듣는다. 내 속이 찰박거릴 때까지 듣는다. 부러진 횟수만큼 웃으며, 남은 웃음을 저장할 만큼만, 그 자세가 나를 꽃피울 것을 믿으며

그날

그 짐승은 새끼를 데리고 새봄의 미풍에 발걸음을 맡겼다. 체험학습의 장이었다. 젖은 코를 대면 모람모람 기대어 오는 풀들은 씹을수록 초록으로 수다스러웠다. 어린 새끼에게 숲의 매혹과 그 뒷장의 위험에 대해 말하기 전 뭔가가 발목을 채뜨렸을 때 짐승은 숲의 교양과목을 떠올렸다. 하지만 천둥이나 폭우의 공식을 활용하기엔 문항의 난도가 너무 높았다. 새끼는 어미의 단음절과 맥락 없는 춤사위를 학습하기도 벅찼다. 신생 별 같은 새끼에게 어미는 궤도를 바꾸라고도, 우주의 모순을 깨치라고도 할 수 없었다. 그때 대지의 깊은 곳에서 얼레지가 밖으로 나올 준비를 하고 있었다. 개미들이 씨를 물고 땅속으로 들어가 퍼뜨린다는 꽃. 칠 년 동안 분리되어 있던 씨앗들이 세상에 나갈 준비를 마쳤을 즈음이었다. 빛을 잃은 별을 맴돌던 행성이 마침내 운석이 되어 떨어졌다. 파편은 대지 깊숙이 스며들었다. 그리 멀지 않은 그날, 얼레지는 우주 일각에서 타전한 신호를 수신한 적이 있다. 얼레지의 뿌리는 여태도 하얗게 질려 있다.

내 친구는 우주인

실직하고 오랜만에 만난 친군데
최첨단 우주과학센터에서 근무한대
별무리 로켓 문양의 제복이래
전공을 살렸느냐 물었더니
오래도록 진공 상태에서 자전했대
적정한 중력이 있어야 공전하고
그래야만 사계절을 즐길 수 있다나
불순물을 거른 연료를 태우고서야
비로소 불꽃을 살릴 수 있었대
연소실 폭발음이 아내의 비명으로 들렸대
나도 불순물이었는지 궁금했지만
우주선을 조립하냐고 방향을 틀었더니
인적관계를 다시 조립할 생각은 없대
호환 방식으로 구멍 난 여생을 꿰맬 거래
아직 남아 있는 실패(失敗)를 풀어서 말이지
별들을 떼어내 달을 뭉칠 순 없지 않느냐고,
무엇보다 완전한 해체가 필요하대
틈새에 낀 고집 한 장은

궤도와 수평 유지를 방해한다고
설마나 행여 같은 부품을 조이지 않으면
결국이라는 오작동을 불러일으킨대
통제실에서 근무하는구나,
콕 집어 말했더니 우주쓰레기를 치운대
먼지 한 톨도 확실히 통제해야 한다며
로켓엔진을 닮은 최신 청소기래
비행은 상실감이 중력을 상회할 때 가능하다며
현장 청소 2년 차 그 친구 왼쪽 가슴을,
공회전하고 있는 내 엔진을 툭 치고 가더군

꽃의 이름을 잃음

식물도감을 넘기고 또 넘긴다
갸웃거리다 끄덕이고 또 갸웃거린다
씀바귀의 뿌리에서 자란 잎은 피침
줄기에서 자란 잎은 계란 모양
고들빼기의 뿌리에서 난 잎은 타원형
줄기에서 난 잎은 둥근 귀 모양
뽀리뱅이의 뿌리에서 난 잎은 로제트
줄기에서 난 잎은 깃꼴로 갈라지며
뿌리잎과 비슷하고

마음에 모종삽을 꽂아 놓았다

그런데 씀바귀만 해도 흰씀바귀 선씀바귀
갯씀바귀 노랑선씀바귀 벋음씀바귀 좀씀바귀
고들빼기는 이고들빼기 까치고들빼기 왕고들빼기
갯고들빼기 두메고들빼기 한라고들빼기
그나마 뽀리뱅이는 뽀리뱅이와 개뽀리뱅이

이름에 생장점이 달리고 배양될 때 문득,
당신 이름이 미움이면 어떻고 사랑이면 어떤가
또 사랑과 미움이면 안 될 게 뭔가
같은 광장에 핀 촛불의 빛깔이 다르다고
불과 초를 분리할 수 없듯이
온도의 기원을 꺼트릴 수 없듯이

그러게
어차피 정해진 계절로 자라는 당신인데
계절과 무관하게 시드는 우리인데

모종삽을 뺀 시간에서 당신의 눈빛이 싹텄다

고양이, 우주를 날다

누리호는 맨 처음 궤도 안착에 실패했다
목표한 시간보다 엔진이 일찍 꺼졌기 때문이라지
46초는 쥐를 문 고양이가 은신처까지 가고도 남을 시간
우주엔 수억 개의 꼬리가 긴 쥐들이 떠돌고 있다
쥐보다는 고양이가 낫겠지, 성간먼지 같은 좌표
그러니까 착지와 도약이 불안정해도
목표는 언제나 그 존재만으로 완성되는 거라고,
마음이 흔들리면 가시각(可視角)이 좁아진다는데

다 올라간 사람을 이쪽저쪽에서 불러 눈을 맞춘 적이 있다
시선은 정확히 이등변을 이루고 꼭짓점은 허공에 떠 있다
거기 어떨 땐 새의 부리가 놓이기도 한다는 사실,

아무리 쪼아도 금이 가지 않는 희망이 있다고 믿었지

사실, 동네 슈퍼엔 날마다 공병을 가져오는 노인이 있다
노인은 터무니없는 가격에도 웃는다 웃으면서
노인이 내민 손의 각도는 입꼬리의 기울기에 미치지 못하

지만

  노인이 끄는 작은 손수레에 실린 두부와 콩나물 봉지
  곁을 따르는 누렁이는 궤도를 완성한 위성
  나는 쏘아 올린 자리가 근질거려 위성을 추적한다
  고양이 걸음으로 하릴없이, 위성이 있는 곳엔 우주정거장이 있고
  우주정거장이 있는 곳엔

  그래, 저기 노인의 짐을 받아드는 백발의 암고양이

  오차 없이 정거장 입구에 안착한 낡은 우주선

  46초 각도를 수정한 나도 마침내 점화한다
  어딘가에서 나를 기다리는 미완의 우주를 향해 야옹!

경과

통증이 약을 먹고 자란다

약이 독이 되기도 하는 건 마음과 관계 있습니다
  가족력을 의심하는 의사에게 척력이 얼마만큼 커야 별이 흔들리는지
  그리고 계면 너머로 사라진 별의 등급에 대해
  흔들린 좌표의 치수에 대해, 자국에 대해 끝내 묻지 못했다

  언젠가 길을 잃은 심야의 포장마차에서
  횡대로 선 술병으로 내일의 운행을 점치던 아버지

  검은 그림자가 술잔을 비울 때면
  바깥의 그림자는 마음으로 술병을 기울였던가
  펄럭거리는 그토록 얇은 우주의 장막을
  나는 잠자코 공전만 하다 돌아섰었지

  약과 함께 그날의 기억을 복용한다
  두통은 견디는 나를 견디기 위해 자꾸 채도를 높인다

경과를 보며 조절합시다

경과는 매 순간 예측을 경신한다
경과엔 되돌릴 수 없다는 전제가 있다

릴레이

 한겨울 오후, 앞집 여자가 애를 낳던 그 시각 위층 가장은 숨을 거두었다. 예약된 병원도 같았다. 둘 다 모르는 처지가 아니었으므로 아내와 함께 잠시 들르기로 했다. 장례식장은 지하, 신생아실은 5층이었다. 우리는 축하와 애도, 용도가 다른 꽃을 들고 갔다. 같은 꽃집에서 산 것들이고 둘 다 향기가 진했다.

 밤이 불안한 건 어둠이 품은 것의 낯을 모르기 때문이라는데

 낮의 민낯이 도열한 지하를 먼저 찾았다. 고인은 입가에 미소를 매달았지만 그것만 봐서는 어떤 낯을 품고 왔는지 알 수 없는 밤낮. 고인을 해고했던 부장도 그날만은 입 닫고 공손히 듣고만 있었다. 그 역시 낯이 말이 아니었다.

 아기는 절대 바통을 떨어트리지 않겠다는 듯 꼭 쥔 손을 풀지 않았다. 노파가 아이구 내 새끼 어디 있다 이제 왔누, 느꺼워하는 순간 아기는 뭐가 그리 서러운지 갑자기 울음을 터뜨렸다.

병원 앞 횡단보도, 빨간불이 초록불로 바뀌었을 때 나도 모르게 돌아보았다. 장례식장과 신생아실이 한눈에 들어왔다. 아내가 내 팔을 잡아당겼다. 초록불이 깜박이고 있었다. 서둘러 건넌 뒤 다시 돌아보았다. 지하 입구에 빨간불이 번지고 있었다. 아내와 난 빨갛게 언 공원을 지나 연둣빛 방으로 돌아왔다. 방문을 닫자 더 이상 궁금할 것도 없는 내일에 불이 들어왔다. 밤낮처럼 깜박거렸다. 한동안 표정을 찾다가 얼굴을 병원에 두고 온 걸 알았다.

방화범은 제가 방화범인 걸 모르지

산불조심은 산과의 약속

 등산로 입구에 걸린 현수막이 그랬다. 산은 저런 약속을 한 적 없는데, 산은 불을 품고 있을지도 모르는데. 내가 당신 이름을 품었다고 팽팽했었나. 흥분하지 말라고 바람구멍이 나 있었다.

 사실 들락거린 것은 바람이었다. 바람이 종일 다녀 봐야 흔적이 남지 않으므로 현수막이 어떻게 할 수가 없다. 그런 이유로 산이 온전한 것은 지키지도 못할 현수막 때문이 아니었다. 생각해 보면 알겠지만

 나는 부풀어 오르기만 했다. 비끄러맨 마음, 그 마음의 인화성을 신경 쓰느라 바람의 향방을 묻지 못했다. 빠져나갈 구멍만 믿고 펄럭거렸다. 산을 향해, 당신이라는 높고 깊은 통점을 향해

 모든 살아 있는 것들 심지어 죽어 있는 것들조차 불을 품고

있다는 사실을 아는 이는 많지 않다. 증명해 보이기 위해 성냥개비가 되어 허공을 긋는 이도 있지만

  산불조심은 산과의 약속. 까맣게 타버린 산은 저런 약속을 했을 리가 없다. 뭐든 품는다는 풍문이 도화선이 되어 번뇌를 태운 거라 짐작해 보지만 그보다 하늘의 차가운 구들장을 지피는 위장된 아궁이라는 음모설에 산그늘을 모아 일갈했을 수도. 그러니까 가령 정색을 한 당신이 내 변명을 일컬어

  불

  손가락에 닿기 전에 얼른 성냥개비를 버리는,

헤어져서 만나는 사람

첫 번째 전철이 떠났다
건너편 승강장엔
여전히 그 사람

어깨 가지런한 선로
건너기 좋은 국경 같았다

서로가 경사져 내려온 하류 같은
오해쯤이야 안심하고 섞여도 좋을

눈빛이 스탬프라면
우리의 여권은 침수되었을지도 몰라

나뭇잎과 나뭇잎 사이로
어떤 사람의 눈을 본 적이 있다
나뭇잎이 흔들릴수록
눈빛은 명징해졌다

흔드는 것은 대개 밖에 있다
적어도 마음이 흔들릴 때까진

그 사람과 나 사이엔
나무의 시험이 너무 많았다
마음이 접붙인 성근 잎들

건너편에 가 있는 나를 보며 생각한다

그 사람이 두 번째 전절을 탄 이유를
그 사람이 되어서 승차하지 않을 이유를
나뭇잎을 세지 않아도 좋을 이유를

엑스트라

실컷 죽고 나면
배고픈 것도
죽은 것에 속한 것만 같아

배고파서 죽는 건지
죽어서 배고픈 건지

한참을 죽고 있다가
슬몃 눈을 뜨면

후미진 골목과 금이 간 평원
즉흥연기에 능한
강과 숲

돌아올 때 보면
너의 웃음도
나의 슬픔도
노을의 각주(脚註)가 되었다

항상 바뀌는 건
고정된 죽음의 형식이었다

변치 않는 날씨가 되고 싶었다
내게 속한 별들이 온전히
내 품에서 뜨고 지는,

대본에 없는 비가 온다 해도

이후

  숲을 머금었던 파리한 계절의 입술이 열린다. 입속에서 더욱 단단해진 지난 목소리는 여전히 나의 것. 그리고 가랑비가 염탐하는 것. 목젖을 떨게 하는 것. 이름을 틔우는 것. 시나브로 당신이 피는 계절이 오면 꽃잎 한 장에도 우묵 파이던 내 속 어딘가에 아픔이 빠질 때도 있지만 상처를 체에 거른 만큼의 시린 봄빛이 고인다. 그림자의 손에 호루라기가 쥐어 있던 순간들. 박쥐처럼 캄캄해서 감각만 밝았던 그리하여 다시는 부를 수 없는 그림자의 낯을 잃어버린 나날들. 마침내는 고요의 소요를 일으키던 행간이 없는 눈짓마저도 출처 불명의 겉장으로 남아 있는

제4부

사랑

우린 저 강물과 같아서
서로의 수심(水深)을 두려워하지 않을 때
비로소 유속이 생긴다

앞서거니 뒤서거니 밀고 당기고
마침내 깊이에 다다른다

아버지는 우체국에서 발송된다

기일에 즈음해 배달된 이름 석 자
달마다 아버지는 우체국에서 발송된다
접수 안내 창구인 은행나무 아래
사각의 우편함이 사랑채라도 되는 양
돌아가신 지 이태가 지나도록 또 돌아오신다
엄마는 그때마다 한 소식 들은 것처럼
고이 접은 고지서를 선반 위에 모신다
물불 가리지 않는 신이라도 된다는 말인지
여태도 아버지는 수돗물과 전기를 관장한다
엄마는 식탁을 신탁으로 아로새겨
뒷장이 너덜한 고인의 말씀을 진설한다
오늘따라 쿰쿰한 근심이 향을 피운다
가게 수집이 취미인 형의 마지막 가게는
뼈가 삭은 채 길바닥에 나앉았고
혼자된 누나는 올이 풀린 희망을
국밥집 주방에서 수선하다 누선(淚腺)을 다쳤다
고물상에서 가장 오랜 고물로 늙으시도록
아버지가 손보던 세 아이의 계보는

나뒹구는 은행잎처럼 갈피를 잃어버렸는데
공부 대신 탱글한 연애를 줍던 누나도
자격증 대신 쫀득한 재미를 취득하던 형도
고물의 유산(遺産)을 시절의 유산(流産)으로 정립한 나도
이제야 잎사귀의 혈맥을 꼼꼼히 들여다본다
우리는 아버지의 이름을 정정하지도
반송하지도 않는다 세상에 연체되지 말자고
기일을 지키자고
젖은 낙엽처럼 뒤늦게 엎디어 포개지며

취업준비생

플라타너스 이파리들도 계약직이었다
오늘도 어김없이 출석부를 펴 든 가을하늘
누군가에게 전철은 채워지지 않는 통바지다
노숙자에 대한 감상은 단추를 채우고 지나야 한다
도서관 열람실에서 단추를 고쳐 다는 이들이 많다

한낮의 공원, 간식을 주는 노인들의 특권을
인정하지 않고도 비둘기들은 민원 창구처럼 바쁘다
처세의 비법을 비둘기들에게 커닝 당한
노인들 앞에서 다리를 꼬지 않는 젊은이가 없다
한 손엔 커피 한 손엔 애인의 어깨가 있는
그들의 오후에 편승한 나는 맛을 잃은
시간의 꽈배기를 든 채 낡은 보도블록처럼
들썩거린다 나를 디딘 하루가 찡그린다

복습은 밀린 월세를 암산하는 기분
늙어가는 어머니가 진도를 물을 때 하마터면
사랑했던 여자의 이름을 댈 뻔했다

예습의 범위였던 그녀는 기출문제가 된 지 오래다

공사장 포클레인이 함정문제로 보이는 건
취업준비생만이 갖는 설익은 농담일까
문제지를 덮는 소리에 맞춰 비가 내린다
구멍 난 밑창까지 샅샅이 채점하는 방식이 좋아
어떤 날은 점수에 상관없이 흠뻑 젖는다

저물녘 하늘은 야간자율학습 출석부를 편다
혹한의 계절을 선택한 철새 떼를 적어 놓기도 한다
세상에 결석하지 말라는 시험요강으로 읽는다

누에의 집

외딴방 노인은 곡기를 입에 대지 않아요. 유년은 식민지 유충(幼蟲)으로, 십 대는 두 손으로 포성을 틀어막으며 잠을 잤어요. 더듬이가 자란 뒤론 공장 기숙사에서 부동의 번데기로 부활을 꿈꾸었어요. 지나새나 공기층을 오르내린 건 하늘에 착지할 수 있다고 믿은 때문이었어요. 불빛 난만한 식당 주방의 부나방으로 탈피를 거듭한 노인은 날 수 없는 몸통을 지녔어요. 고치를 헤치고 나온 그것처럼 노인이 냉골의 활주로를 기어 방문을 열어요. 빛, 거기 눈부신 실꾸리 한 가닥 문지방에 걸쳐 있어요. 오래전에 끈 떨어진 오롯한 얼굴 하나 떠올라요. 가오리연처럼 건들거리며 날아가요. 노인은 실을 당겨요. 자꾸만 그 이름을 당겨요. 끊어질 듯 팽팽한 마음 한 가닥, 이쪽을 보라고 자꾸만 채근해요. 어딘가 씰룩, 물기 젖은 눈시울이 있기나 한 듯

추인

반평생을 각인에 골몰해 온 도장장이 김씨
허옇게 슬어 놓은 벌레 알을 보았다
나무껍질 틈새를 골라 지그시 눌러 놓았다

나무는 이듬해 봄까지의 방세를 요구했으리

담보로 제공한 몸뚱이가 뒤집혀 있었다
까맣게 날인한 어미가 있었다

새로운 각법에 눈뜬 도장장이 김씨
어미의 몸 위에 돌 하나 얹어 놓았다
시월 상강의 거래를 기꺼이 추인하였다

강의 은유

그 많은 저자와 골목을 쥐어짠 강이
바다로 가는 건 죄가 빽빽해졌기 때문이다
우박으로, 더 맵찬 눈보라로, 더러는 뇌성과 폭우로
염분을 뺀 죄목(罪目)을 알기 위해서는 궂은날
우리가 디디고 사는 땅을 유심히 살펴야 한다

경(經)의 행간을 떠도는 구름이 하는 일은
싱거운 궁량으로 죄질을 희석하는 것,
때로는 달빛 수만 동이 퍼 담거나
대가람의 풍경 소리도 섞어 저으며
강은 축적된 죄의 농도를 낮춘다
비를 맞으면 머리가 빠지는 건
아직 남아 있는 형기(刑期)에 노출되었기 때문이다

비우지 않고 고여 있다는 것은
제 몸을 씹는 일처럼 끔찍한 자학,
바다 역시 강과 마찬가지로 비우며 산다

강이 알고 있는 바다는 상처와 굴욕의 집산지
부패한 사연을 염장했다 출하하는 곳
세태가 소태가 된 건
속계(俗界)의 볶음이 지나친 까닭이다

불을 낮추거나
물을 더하거나

뭐, 입이야 늘 있는 거지만
시시각각 죗값을 치르고 우리는 가끔 생선을 먹는다
생선의 그 많은 가시는 어쩌면
바다도 해결 못한 시시비비들이다
통로가 좁은 양심에 걸리면 쉬 삼키지도
뱉지도 못하는

노을 독법

세기(世紀)의
잘못 채워진 단추를
흘금거리다

언제 첫 단추를 달았던고?
수선하던 바늘을 놓고
생각에 잠긴 하느님

꽉 막힌 바늘구멍을 보고
탄식하는 하느님

지상의
위약(違約)으로 박음질 된 남루를
뒤집어보다

언제 첫물을 입혔던고?

자다가도 벌떡 일어나

원단을 뒤집어보는

불면의,
저 무섭도록
붉은

해안은 세상에서 가장 긴 수술대이다
—선박 해체소가 있는 치타공에서

뱅골만의 치타공*은 인도양 북동부의 마지막 단원에 나온다. 한 페이지씩 파도를 넘기면 중증의 배들이 서명을 끝낸 긴 해안선, 바다가 제공한 수술대이다. 여객선은 승객을, 화물선은 화물을, 유조선은 석유를 비운 공복이어야 수술대에 오를 자격을 얻는 그곳은 가진 것 모두 손에 두지 않는 유목의 습성을 닮아 있다.

이야기가 푹푹 빠지는 개펄을 맨발로 도열한 까마귀**들이 물고 가는 건 태양이 읽고 버린 쇳조각들이다. 선체를 자르고 내연기관을 쪼아 둥지를 세우는 나날들, 수술은 살을 취하고 시간을 버리는 양식이다. 녹이 슨 주물의 생각을 붉게 내뿜어도, 꽁지 빠지게 날라도 까마귀들, 영영 페이지가 없는 주소에 적혀 있다.

배가 뇌사판정을 받았다는 건 물너울에 번진 사연을 더 이상 하역할 수 없다는 것, 밀봉한 슬픔을 물보라로 개봉할 수 없다는 것, 까마귀들은 밀물이 들 때까지 부지런히 쪼아 보지만 바다가 반듯하게 펴진 적은 없다.

줄지 않는 것은 허공이다. 시간은 배의 흔적만큼 지워질 뿐이라는 사실을 인정하고 싶지 않다면 그곳을 떠나야 한다. 바다에 표정을 주고서야 뭍에 오를 수 있었던 배처럼 자신을 버릴 자신이 없으면 해안선이 시위로 팽팽한 어느 날 튕기듯,

치타공에 가면 시간을 수술하는 장면을 볼 수 있다. 그토록 긴 해안이 수술대라는 게 믿기지 않는다면 스스로 시간이 되어 보는 것도 좋으리라. 하루하루 변해 가도 변하지 않는 것, 사라져도 여전히 파도 안쪽에 아프게 베껴 쓰는 것, 시간의 항해에서 싣고 부렸을 그 많은 이야기들

---

*방글라데시의 항만도시. 세계 폐선박의 절반가량이 이곳 해안에서 해체된다고 한다. 열악한 작업 환경에서 노동자들은 하루 1달러를 벌기 위해 중노동을 감수하고 있다.
**'빠띠아리' 지역에서는 선박 해체 작업에 뛰어든 노동자들을 '갑판 위의 까마귀'라고 한다.

초록 의용군의 힘

 육교의 성은 철(鐵), 본관은 광산이다.
 저 거인의 관절은 자부심의 크기를 자유자재로 조정한다. 동원된 보병들은 보리 밟듯 등을 다진다. 삼각근 상완이두근을 지나 복근 대퇴근까지 군살이 붙을 새 없이 거리를 장악한다. 거인의 위용에 자동차들은 사타구니 아래로 꽁지 빠지게 달아난다.

 본래 들판이고 밭이었던 이곳에 주둔한 강골 거인들은 강 건너편에까지 위세를 떨친다. 옆구리에 난 계단으로 보충병을 모집한다. 얼핏 트로이 목마 같기도 하고 수상한 시절의 암호 코드를 닮은 듯도 한 냉혈한의 전략을 보도블록이 받아 적고 뒷목을 잡은 빌딩과 저혈압에 시달리는 뒷골목이 필사한다.

 거인의 등장은 허공의 분단을 암시한다. 새들의 연병장이었던 허공에서 멀리멀리, 벌과 나비를 워키토키로 쓰던 꽃들은 좌표를 벗어난 변방에 배치된 지 오래이다.

노회한 길들을 거인이 직각의 액자에 끼우는 동안 원주민들의 반격이 시작되었다. 초록 탄창을 차고 낙하한 의용군들, 풀씨란 이름으로 조금의 빈틈을 헤집고 암약한다. 일설엔 둥지를 잃은 박새들이 수송기로 차출되었다는 말도 있다. 한때 배우를 꿈꾸었던 의용군 하나, 제 몸을 깃발로 쓰고 있다.

가장(家長)

 다른 나무의 뿌리가 어깨를 밀쳤다. 때로는 바위가 엉거주춤 가로막았다. 줄기를 이룬 빗물이 돼지오줌통 같은 웅덩이로 떠민 적도 있다. 나는 나를 디딜 수밖에 없었다.

 내 신상을 뒤적여 보고서를 작성한 건 벌레들이었다. 지상과 지하 어느 쪽에도 연줄이 짧은 내 신용도를 조회한 건 잡목숲을 관리하던 가을볕이었다. 불심검문에 나선 낮달이 빛바랜 주민증을 수거해 갔다.

 바람이 지정한 자리였다. 뽑혀 나오면서 망막의 저울대를 다쳐 산냉이의 가산을 기울게 했다. 그동안 길어 올린 시력은 온전히 새의 날개를 유치하는 데 쓰였으므로 멀어지는 내가 두렵지 않았다. 후회는 옹이로 빠져 달아났다. 내가 키운 줄기며 잎사귀며 가지며 열매 따위 내가 어둠 속에 있을 때 간간이 들리던 새소리에 섞여 눈이 멀면서 비로소 보이는 것들. 길은 멀어도 언젠가는 돌아와야 할 뿌리라는 걸 안다면

 그 뿌리의 심장, 가지마다 붉게 익어가는 걸 봤다면

물구나무서서 보니
뿌리가 열매에 달렸네.

침수

열외된 것들이 떠내려온다

바람과 장대비가 묶은 잡목들
산사태라지만 나무들의 항명사태였지

줄기와 가지
뿌리까지 뒤섞였다
출생은 다르나 출신이 같은 무리들
부르튼 입술 앙다물고 행진하던 것들이
교각에 이마를 찧고 배수진을 친다

낙뢰의 호각 신호에 맞춰
저들끼리 스크럼을 짠 무연고들이
물러날 곳 없는 연고를 형성한다
물살의 난타에도 어깨를 풀지 않는다

산으로 가는 길이 잠겼다

퉁퉁 불은 분노들이다
살과 뼈로 거래한 물의 대출이다

각성

돌아보지 않는 시절의 이름을 부르는 중이라고
스스로를 한물간 소리꾼이라고 선언한 어머니
갈 날을 받아 놓곤 뒤를 앞이라 우긴다
하늘을 향했다고 잎이 하늘로 가더냐고
봄이 와야 봄인 줄 알았던 나까지 돌려세운다
나는 늙는 것을 미루고 당신의 말년을 북채 잡는다

꽃의 박수엔 과장이 없다고
때 없이 당신은 건너편 객석을 가리킨다
추임새는 산의 호흡을 각성하는 거라 이른다
산을 이쪽으로 당겨 앉자는 게 아니라 한다
잦아드는 아니리에 객석의 추임새는 한결 푸른데

그게 아니라고 말 못하는 나는 산이 되다 만 사람
나무도 되지 못하고 풀도 벌레도 돌멩이도 되지 못하고
구름 같은 허랑한 관객임을 자처했던 사람

악보가 된 산 층계마다 빼곡한 청중

머리와 발끝이 한 음표로 그려진 색색의 소리들이
떼창을 하는 오늘은 언젠가 돌아볼 당신의 마지막 공연
언제나 한 가지 색으로만 울렸던
울리기만 하여서 가슴이 시퍼런 나는
공명심에서 마음 하나 뗐을 뿐인데 공명(共鳴)한다고,

북채를 바로잡아 주며 소리꾼은 헐겁게 웃고
예약하러 온 북망산 일몰은 슬며시 의자를 밀어 넣고
다시 건너편 객석으로 가 앉는데

미제(謎題)

낮, 써놓고 빛의 보료를 털어 말린 시간으로 읽는다

밤, 써놓고 태양이 안면을 몰수한 시간으로 읽는다

당신, 써놓고 주행성 종다리의 노래로 읽는다

나, 써놓고 야행성 포식충의 기갈로 읽는다

백야(白夜), 써놓고 서로가 숙제인 우리로 읽는다

우리, 써놓고 풀지 않고 채점만 하는 문제로 읽는다

해설

비대칭의 세계와 언어
— 심강우 시집 『사랑의 습관』 읽기

오민석(시인·문학평론가)

1.

존재는 좌표 안에서 규정된다. 나는 어디에 있는가. 무수한 존재-공간 안에 당신이 놓여 있는 자리는 어디인가. 그 점을 기준으로 상하좌우의 무수히 다른 좌표들이 존재한다. 이런 점에서 언어는 존재의 좌표이다. 언어는 자신의 체계 밖에 있는 존재를 자신의 내부로 끌어들여 좌표화한다. 언어가 존재를 좌표화하는 방식은 다양하다. 평면적 지시의 언어는 존재와 좌표를 대칭의 자리에 배치한다. 존재와 기호가 똑딱이 단추처럼 잘 맞아떨어질 때 그것들은 안정된 비례-대칭의 관계 속에 있다. 시적 언어 혹은 은유의 언어는 존재와 기호를 비대칭의 자리에 놓는다. 은유의 언어는 존재를 비대칭의 다양한 기호 안에 위치화한다. 시적 언어는 좌우대칭의 반듯한 좌표 바깥에서 휘청거리는 존재에 주목한다. 존재는 타자의 급습에 소멸하기도 하고, 타자들을 전유함으로써 대칭의 거리를 삭제하기도 한다. 이런 막무가내식의 동작이 없이 존재가 대칭의 비례-거리 안에서 정확히 움직인다면 구태여 존재에 대한 탐구, 즉 (하이데거식으로 말하면) 존재 물음을 던질 필요조차 없을 것이다.

    그렇게 너는 나를 한 가지 색으로 설득해 갔다. 내 팔 다리 의식 가지가지는 네게 빠졌다가 휘어지다가 때로는 너무 심심한 사랑을 감내할 수 없어 분질러지기까지 했건만 너는 끝끝내 네 마음으로만 깊어갈 뿐. 너를 바라보는 내 마음이 캄캄할수록 너는 차갑게 빛났었지.

    지금 여기 네가 가고 없는 자리에서 나는 왜 여태 젖고 있는 걸까. 왜 우리는 지우면서 만나는 걸까.
―「너의 눈빛」 부분

존재가 늘 위험에 처해 있는 것은 그것이 타자와 비대칭적 관계에 있기 때문이다. "나"는 언제든 "너"의 일방적 전유의 대상이 된다. 너는 오로지 너의 "색"으로 나를 채색할 수 있다. 네가 나를 온전히 전유할 때, 나는 존재에서 비존재로 전화된다. 내가 사라지고 너만 있는 '우리'의 관계, 이것이야말로 비대칭적 관계의 극단이다. 모든 존재는 늘 이런 위험한 시선에 노출되어 있다. 그리하여 "네가 가고 없는 자리"에서조차 계속 너의 시선을 벗어나지 못하고 "젖고 있"는 (나의) 상태에 대하여 이 시는 질문을 던진다. "왜 우리는 지우면서 만나는 걸까". 우리는 왜 무한성(infinity)과 외재성(exteriority)의 타자(레비나스. E. Levinas)를 상정하지 못할까. 우리는 왜 타자가 나의 바깥에 있는 무한성이라서 내 맘대로 전유할 수 없다는 사실을 잊고 서로를 "지우면서 만나는 걸까".

송곳니를 윗단추로 쓰는 사자는 완고한 재단사임에 틀림없다. 물소는 조여드는 오늘을 벗어버리고 싶다. 치수를 재는 앞발과 거부하는 뒷발이 가위표로 재단된다. 쌀자루나 풍선처럼 어떤 것들은 한사코 채우면 터지는 법이다. 늘 목을 내놓고 다니기 버릇해 온 물소가 단추를 풀기 위해 용을 쓰느라 눈 속의 실핏줄이 터져 뇌우(雷雨)가 쏟아질 기세다.

들판 가득 수 놓인 색색의 꽃들이나 산중의 아름드리나무, 망망대해 곳곳에 박힌 섬들 또한 하나하나 채워 풍경을 여민 것이다. 누가 시키지 않아도 어깨 짚어 시침질하는 속 깊은 궁량. 하늘이 겉옷이라면 숲은 어긋난 바람을 단속하는 방한조끼쯤 되나. 아무리 어두워도 새들은 길을 잃지 않는다. 나무를 나누어 채우는 저 수많은 단추들은 이유없이 흔들리는 걸 싫어하는 경향이 있다.

—「단추」부분

물소에게 사자의 "송곳니"는 비례와 대칭의 폭력적인 단추이다. 그것은 자신의 이빨에 타자를 맞추고 타자를 죽인다. 이 완벽한 전유에 저항하는 것은 "조여드는 오늘을 벗어버리"는 것밖에 없다. 물소는 온몸으로 "단추"의 획일성과 적합성을 거부한다. 하나의 코드로 타자를 동일시할 때 타자는 사라진다. 타자는 구멍이 다른 단추이다. 일자(the One)의 단추로 타자(the Other)를 채울 수 없다. 그러나 들판과 망망대해에 있는 저 부동(不動)의 존재들을 보라. 꽃과 나무, 섬들은 "누가 시키지 않아도" 저마다 있어야 할 자리에서 "어깨 짚어 시침질"하며 질서를 깊이 "궁량"한다. 그들은 "어긋난 바람을 단속"하며 "이유없이 흔들리는 걸 싫어"한다. 그들의 단추는 타자를 전유하지 않는다. 그들 사이에선 폭력과 살해의 피비린내가 나지 않는다. 그들의 단추는 타자성의 성격에 따라 탄력적으로 변한다. 그들은 타자를 자신의 코드에 맞추려 애쓰지 않는다. 타자가 전유가 아니라 오로지 환대의 대상일 때, 비례와 대칭의 평화가 탄생한다.

2.

비례와 대칭의 평화는 오로지 기울어지지 않은 운동장에서만 가능하다. 이미 기울어진 운동장에서 공정하고 평등한 자리란 존재하지 않는다. 이 시집에서 "단추"와 "좌표"와 같은 단어들이 곳곳에 출몰하는 이유가 있다. 세계 안에서 각자가 차지하고 있는 자리, 즉 좌표야말로 존재의 속성을 드러낸다. 환대의 세계에서 좌표는 비례와 대칭의 아름다운 자리이다. 레오나르도 다빈치가 그린 〈비트루비우스 인간〉에서 왼손은 오른손을 지배하려 하지 않으며, 오른발은 왼발을 전유하지 않는다. 이 그림에선 그 어느 한쪽도 다른 한쪽의 존재 없이는 아름다울 수 없다. 신이 처음 만든 세계에선 존재들이 잘 맞는 똑딱이 단추들처럼 아름다운 좌표 속에 존재했다. 이제 세계는 비례와 대칭의 아름다움을 잃어버렸다.

> 세기(世紀)의
> 잘못 채워진 단추를
> 흘금거리다
>
> 언제 첫 단추를 달았던고?
> 수선하던 바늘을 놓고
> 생각에 잠긴 하느님

꽉 막힌 바늘구멍을 보고

탄식하는 하느님

지상의

위약(違約)으로 박음질 된 남루를

뒤집어보다

언제 첫물을 입혔던고?

자다가도 벌떡 일어나

원단을 뒤집어보는

불면의,

저 무섭도록

붉은

—「노을 독법」 전문

현세는 "잘못 채워진 단추"의 세계이다. 세계는 서로 잘 맞지 않는 단추들의 싸움으로 시끄럽다. 단추들의 "바늘구멍"은 모두 막혔고, 존재들은 다른 존재들과 더 이상 대칭적 관계에 있지 않다. 세계는 동일성의 폭력이 지배하는 곳이 되었다. 신은 자신과의 약속을 어긴 존재들의 "남루"를 들여다보며 탄식한다. 신의 "원단"은 간 곳이 없고, 원단을 잃은 신은 "불면의" "붉은" 시간을 보낸다.

> 사람의 머리를 밟는다는 게 일도 아니구나
>
> 전기배선을 작업하는 헬멧이 부유하던 맨홀이다
> 맨홀뚜껑을 디디면 섬 꼭대기에 올라선 느낌이 든다
>
> 이토록 낮은 고지대였다니
> 마음의 부력은 정말 굉장하구나
>
> 그들이 사무실의 내 책상을 치운 걸 보고
> 나는 뚜껑이 없는 명찰을 깔고 앉았지만
>
> 맨홀뚜껑이 닫힐 때까지
> 근처 가게의 조명등을 흘금거렸다는 얘긴 하지 않았다
> ―「섬 아래의 일」 부분

시인의 시선은 기울어진 대칭선의 바닥을 향해 있다. 비례와 대칭의 아름다움이 깨진 곳엔 비대칭과 불평등의 지옥이 있다. 동일시의 폭력에 의해 전유되고 배제되며 지워진 존재

들이 사는 상징적 지옥은 "맨홀뚜껑" 아래이다. 이런 세계에 선 "사람들의 머리를 밟는다는 게 일도 아니"다. 더욱 비극적 인 것은 맨홀뚜껑이 낮은 지옥의 가장 높은 곳이라는 사실이 다. "이토록 낮은 고지대"라는 역설은 여기에서 나온다. 지옥 의 모든 존재는 지상으로 오르고픈 "마음의 부력"을 가지고 있다. 일터에서 쫓겨날 때, 누구든 맨홀뚜껑 아래의 상징적 지 옥으로 내려간다. 그들의 머리를 상징적 지배자들이 밟고 다 닌다. 지하 생활자로 쫓겨 내려가는 서발턴(subaltern)은 힐끗 지상의 불빛("근처 가게의 조명등")을 본다. 이런 좌표 어디에 도 타자와의 대칭적, 비례적 행복은 존재하지 않는다.

    새가 나는 동안
    벽에는 기억의 인화지가 걸린다

    숲을 관통하는 새소리
    이 나무에서 저 나무로
    투두둑
    열매가 떨어진다
    새의 발톱이 움켜쥔 건
    아들딸의 얼굴이다

    날마다 시간을 물어 와 풍경을 엮는다

날마다 엮은 풍경에 시간을 담는다

새장을 품은 요양원엔
깃을 터는 신호가 있다

—「새장」부분

비대칭의 바닥은 생물학적 노화 상태로 오기도 한다. "요양원"의 노인은 "이 나무에서 저 나무로" 자주 날아다니지만, 요양원 바깥으로 나가지 못한다. 그는 새장 속의 새이다. 그가 새장 속에서 푸드덕대며 움켜쥐는 것은 "아들딸의 얼굴"이다. 그들은 노인과 대칭의 거리에 있지 않다. 그들은 마치 〈비트루비우스 인간〉에서 사라진 한쪽 팔, 혹은 한쪽 다리처럼 부재하다. 완벽한 비율과 대칭의 행복 지대에서 다른 한쪽을 온전히 잃은, 회복 불가능한 불행의 한쪽이 부재하는 다른 한쪽을 찾아 깃을 턴다. 아무도 그 "신호"를 듣지 않는다. 생물학적 죽음이 가까운 공간에도 대칭의 행복은 없다.

한겨울 오후, 앞집 여자가 애를 낳던 그 시각 위층 가장은 숨을 거두었다. 예약된 병원도 같았다. 둘 다 모르는 처지가 아니었으므로 아내와 함께 잠시 들르기로 했다. 장례식장은 지하, 신생아실은 5층이었다. 우리는 축하와 애도, 용도가 다른 꽃을 들고 갔다. 같은 꽃집에서 산 것들이고 둘 다 향기가 진했다.

…(중략)…

　병원 앞 횡단보도, 빨간불이 초록불로 바뀌었을 때 나도 모르게 돌아보았다. 장례식장과 신생아실이 한눈에 들어왔다. 아내가 내 팔을 잡아당겼다. 초록불이 깜박이고 있었다. 서둘러 건넌 뒤 다시 돌아보았다. 지하 입구에 빨간불이 번지고 있었다. 아내와 난 빨갛게 언 공원을 지나 연둣빛 방으로 돌아왔다. 방문을 닫자 더 이상 궁금할 것도 없는 내일에 불이 들어왔다. 밤낮처럼 깜박거렸다. 한동안 표정을 찾다가 얼굴을 병원에 두고 온 걸 알았다.
―「릴레이」 부분

　대칭적 등거리에 있는 두 개의 좌표도 정반대의 콘텐츠를 가질 수 있다. 같은 거리의 양쪽에 죽음과 신생이 존재한다. 그들은 마침내 하나의 공간 안에서 만난다. 같은 병원 안에 "장례식장"과 "신생아실"이 공존한다. 서로 다른 성격의 두 좌표를 동시에 마주치는 것이야말로 삶이다. 이런 점에서 삶은 근본적으로 '혼종적'이다. "우리"는 신생의 과거를 걸어왔고 죽음의 미래로 가고 있다. 그들 안에서 상극 관계에 있는 두 개의 좌표가 겹쳐진다. 삶의 혼종성은 대칭의 거리마저 지워

버린다.

3.

대칭의 평화와 행복은 먼 태초의 세계에나 존재했다. 시인이 세상에서 읽어내는 것은 기울어진 운동장에서 발견되는 수많은 비대칭의 좌표들이다. 그런 세계를 설명하는 데 시적 언어보다 좋은 것은 없다. 산문 언어는 진술을 통해 세계와 대칭하는 기호들을 나열한다. 그런데 언어는 궁극적으로 대칭적 기호 세계를 만들 수 있나? 시적 언어는 (실물 세계를 지시하는) 대칭적 기호 세계를 만들 수 없다는 좌절에서 시작된다. 심강우 시인은 시적 언어의 이런 속성을 잘 알고 있다. 그의 시들은 환유보다 훨씬 깊게 은유의 축을 향해 있다. 그는 실물 세계에 대한 기호의 인접성(contiguity)을 신뢰하지 않는다. 그는 두터운 은유를 통하여 세계와 기호 사이의 비대칭적 관계에 주목한다. 만일 세계와 기호 사이에 유사성이 존재한다면, 그래서 양자 사이의 은유가 가능하다면, 그것은 대칭적이 아닌 비대칭적 유사성이다.

낮, 써놓고 빛의 보료를 털어 말린 시간으로 읽는다

밤, 써놓고 태양이 안면을 몰수한 시간으로 읽는다

    당신, 써놓고 주행성 종다리의 노래로 읽는다

    나, 써놓고 야행성 포식충의 기갈로 읽는다

    백야(白夜), 써놓고 서로가 숙제인 우리로 읽는다

    우리, 써놓고 풀지 않고 채점만 하는 문제로 읽는다
                                —「미제(謎題)」전문

각 행의 왼쪽에 있는 기호들과 오른쪽에 있는 기호들 사이엔 아무런 인접성도 필연성도 없다. 시인은 양자 사이의 상투적 유사성을 처음부터 찾지 않는다. 시인은 비대칭 배열의 끝에서 양자 사이의 유사성을 찾는다. 이것이 바로 시인이 원관념(tenor)과 보조관념(vehicle)을 최대한 벌려놓는 은유의 전략이다. 원관념과 보조관념 사이의 이 거리 때문에 그의 시들은 다소 난해해 보일 수도 있다. 그러나 세계는 지시적 대칭성을 비웃는 극적인 혼종성으로 가득 차 있다. 세계는 그 자체 해결되지 않는 배리(背理)이므로 시인은 이것을 포착하기 위하여 기호의 양쪽 끝을 멀고 넓게 벌리지 않을 수 없다. 이렇게 양쪽으로 넓게 벌린 기호의 그물에 마치 길을 잃은 물고기처럼 대칭성을 상실한 세계의 파편들이 걸려든다.

비대칭의 풍경들이 해체되는 것은 세계의 좌표 전체가 해체될 때이다. 그의 시 「침수」에서 발생한 "산사태"는 세계의 다양한 문법들과 규칙들이 모두 무너진 상태를 상징한다. 그것은 불공정과 불공평의 시스템 안에서 좌표의 서열들을 조직하는 원리의 무너짐을 상징할 수도 있고, 상징계의 법칙들이 무너지고 실재계가 열리려는 찰나의 모습을 가리킬 수도 있다. 비대칭의 비극은 이런 절대적인 해체의 운동량과 가속도가 없이 사라지지 않는다. 만일 누군가가 "줄기와 가지/뿌리까지 뒤섞"인 "물살의 난타"(「침수」)에서 쾌감을 느낀다면, 그것은 바로 비대칭의 완고한 시스템을 해체하고 싶은 보편적 파괴 본능(죽음 본능) 때문이다.

심강우의 이번 시집은 비대칭의 거대한 세계를 비대칭의 은유로 읽어내면서 안벽한 대칭과 비례 세계의 복구를 꿈꾼다. 심강우 시인의 은유는 세계의 비대칭성만큼이나 넓고 깊다. 그가 펼치는 은유의 그물에 비대칭적 세계의 다양한 좌표들이 걸려든다. 그것은 수많은 거울처럼 펄떡이며 세계를 되비춘다.

시인동네 시인선 231

사랑의 습관
ⓒ 심강우

초판 1쇄 인쇄	2024년 5월 16일
초판 1쇄 발행	2024년 5월 23일
지은이	심강우
펴낸이	김석봉
디자인	헤이존
펴낸곳	문학의전당
출판등록	제448-251002012000043호
주소	충북 단양군 적성면 도곡파랑로 178
전화	043-421-1977
전자우편	sbpoem@naver.com

ISBN 979-11-5896-647-8 03810

*이 책의 판권은 지은이와 문학의전당에 있습니다.
*양측의 서면 동의 없는 무단 전재 및 복제를 금합니다.
*잘못 만들어진 책은 바꿔드립니다.